JN411180

내마음의 거울
김 용 선 詩集

내 마음의 거울

인 쇄: 초판인쇄 2013년 11월 25일
인 쇄: 초판인쇄 2013년 11월 30일
지은이: 김용선
펴낸이: 윤기영
편 집: 정설연
펴낸곳: 노트북
등 록: 제 305-2012-000048호
본 사: 서울시 동대문구 사가정로 256-4호 나동 B101호
전 화: 070-8887-8233 팩시밀리 02-844-5756
이메일: hdpoem55@hanmail.net

정 가: 12,000원
ISBN: 978-89-92687-46-1-03810

한국 현대시[韓國 現代詩]

811.7-KDC5
895.715-DDC21 CIP2013024528

내 마음의 거울

김용선

서문

2011년 새해를 며칠 지나서 난 우연히도 일본의 99세 할머니 시바다도요씨가 쓴 시집「약해지지마」를 접하게 되었다. 쉽고 짤막한 글귀마다 그가 살아온 또 지금 살고 있는 모습들이 보였고, 그 나이인데도 약해지지 않고 저렇게 자기 마음을 표현할 수 있는 힘이 있다는 것은 시를 쓰기 때문이 아닌가? 하는 생각과 함께, 그리고 그 시집이 출판되어 전 세계인이 자기 시를 읽기를 희망한다는 꿈이 있었기에 그 꿈을 실현하기 위해 몸은 쇠약해지고 꺼져가는 등불이지만 마음만은 꿋꿋하게 버티며 살아가는 것이라 하는 생각을 접하게 되었을 때, '나도 할 수 있다. 하고 싶다. 해보면 쓸 수 있을 거야. 쓰고 싶다'는 생각이 불현듯 머리에 휙 스쳐 지나갔다.

그 후로 생각이 날 때마다 글감이 떠오를 때마다 펜 가는 대로 내 생각과 느낌을 아무런 형식도 없이 빨랫줄에 빨래 걸어 놓듯이 쓰기 시작하였다. 항상 글감이 떠오르는 시간은 새벽에서 아침 5시 사이, 쓰고 싶다는 욕망이 생기면 벌떡 일어나 컴퓨터 앞에서 내 생각을 옮겨 적는 버릇이 생기게 됨에 얼마나 마음 뿌듯한지 나만이 아는 쾌감임을 느끼게 되니, 나 또한 도요씨 할머니처럼 힘이 생기고 생활에 변화가 오고 글과 친해지게 되었다.

무한한 감사를 드린다. 그저 쓰고 싶으면 쓰고 싶은 대로, 생각이 가는 대로, 다듬을 줄도 모르고 편안하게 쓰는 습관이 조금씩 몸에 익숙해 졌다. 내 머릿속에서 흘러나온 생각들이 한 개 한 개 모여「생활 속의 글」이란 글을 모아두는 곳간인 파일 속에 쌓여지고 있다.
이런 글들이 많이 쌓이게 되니 욕심이란 놈이 꿈틀대기 시작했다.

내 생애에 변화를 주는 거야 용기 갖고 시집을 펴내는 거야 부족한 데서 더 나은 글이 탄생하게 되겠지 책을 내기까지 항상 옆에서 격려해주고 도와준 내 짝과 자신 없어 하는 제 글에 늘 용기를 심어준 대표님께 감사드립니다.

2013년 11월

김용선

목차

1부. 내 마음의 거울

2부. 유리창에 그린 그림

3부. 언덕 위 하얀 집

1부 내 마음의 거울

내 마음의 거울은 요술쟁이
오늘도 내 마음속에
시시각각 벌어지는 일들의
희로애락을 맛보며

-내 마음의 거울 중에서-

들꽃하나

낙엽 속에 묻혀 있던 들꽃 하나
매서운 바람 무서워
숨어 기다린 긴 시간
해님 나타나
따뜻한 사랑 감싸 주네

바람도 무섭지 않다며
낙엽이불 차 버리고
샛노랗게 단장하고 나와
누굴 기다리고 있는가
깊은 산 속 홀로 피어난
가녀린 저 들꽃이여

고개 들어 둘레둘레
노란빛 멀리멀리 보내니
지나던 등산객 미소 짓고
카메라의 찰칵 소리
어느새 외로움 떨구고
길손 따라 세상 구경 가는구나.

편지

봄비 촉촉이 내리면
편지를 띄우자
보슬보슬 죽죽
소리 없이 내려라

빗물이 강물 될 때
예쁜 맘 내 마음 모두 모아
쪽배 불러
한 배 가득 실어 놓으리

사공아, 저어라 노를 저어라
물길 따라 힘차게 노를 저어라

뱃길 따라 멀리멀리
사라지는 쪽배

그 안에 내 마음 띄어 보내리
봄비 내리는 날 편지를 쓰자.

김용선 – 12-13

당신이 있음에

오늘이 열리고
졸린 눈 비비고 일어나면
제일 먼저 생각나는 사람
마음 모아 함께 기지개 펴 본다
무얼 생각했을까
부스스한 얼굴엔
미소 한가득 스며들고
난 밝은 모습 되어
희망찬 새 아침을 연다
늘 옆에서
지켜보고 있는
당신 있음에
마음으로 오가는 아침 인사
살포시 전한다
내 얼굴엔 홍조 띠고
잠을 자듯 조용히 누워있는
당신 입가에
환한 웃음보일 때면
내 눈가엔
이미 눈웃음 꽃 피우고 있구요

을씨년스런 이 가을을
난, 당신 있음에
오늘도 외롭지 않은
행복한 아침을 열고 있습니다.

그대는 나에게

그대 신음 소리에
잠을 깬다 매일
눈만 뜨고 해가 나면
같이 있건만
의사소통 안 될 때는
아주 미운 사람아
그래도
그대는 나에게
손이 되어 주고
지팡이가 되어 주는 사람
내 옆에 늘 있어 주어
수호신이 되어주는 사람
오직
나만을 아껴 주고
사랑해 주는
그대 신음 소리에
나 벌떡 일어나
놀란 가슴 안고]
진정 염려하는 마음
그대 곁으로 다가간다

내가 진정
사랑하고 싶은 사람
사랑을 심어 주고
사랑할 줄 알게 해준
바로 당신
내 사랑 모두이기에.

하늘을 담는 그릇

한 계절을
떠나보내야 하는
아쉬움인가
억새 울음소리
잠재우려고
소슬바람 타고
내려오는
가랑비던가
부슬부슬 내리는
가을비 우산 받으며
290계단 조심조심
숨 몰아쉬며 올라간 곳
하늘과 가장 가까운
사방팔방 확 트인
상암동 하늘공원
공원 중앙에 *조형물*
넓은 하늘 온종일
담아 놓고 또 담아도
얼마든지 더
담을 수가 있단다

연인들의 사랑도
우리 마음까지도
모두 포근히 감싸 안는
하늘을 담는 그릇이.

봄나물의 여행

조용히 내려오는 이슬비
초목을 울리고 마음을 움직인다

촉촉이 적셔 주는 간지러움에
고사리 취나물 민들레 씀바귀 어린 쑥들
봄나물 모두가 서로 다투며
하늘 향해 쑥~ 쑥 얼굴 내민다

저마다 따사로운 봄볕에 취해
흥겨운 노랫소리 산자락에 퍼질 때
멀리서 들려오는 발자국 소리
눈동자의 움직임 휘둥그레지고
나물 캐는 손놀림 빨라지며
뾰족한 칼날에 뜯기고 찍히더니
바구니 가마 타고 여행을 떠난다

어디로 가는 걸까
생각할 틈도 없이 찬 물속으로 첨벙
수영을 한참 한 후에 두리번두리번
또 어디로 가야 하나 망설이는데

고소한 냄새와 다른 친구들
한데 어울려 멋진 춤추자고 손짓하고
빙글빙글 정신없이 돌고 있을 때
따뜻하고 아늑한 작은 동굴 나타나
우리를 그 속으로 맞아들인다.

내 마음 풍선 되어

그리움이 스산한 가슴 저며 올 때
내 마음 훨훨 날고 싶어라
무거운 짐 모두 벗어 버리고
알록달록 풍선 차 불러내어
따사로운 햇빛 연료 삼아
사랑 찾아 정처 없이 날고 싶어라

바람아 불어라 마음 달아 두둥실
수많은 날개 달아 높이높이
끝없이 올라가 신선이 되어
가슴에 응어리 풀어헤치고
아름다운 사랑 나누고 싶은
이 마음 헤아려다오
먼지와 때가
세월만큼이나 묻어있는 나를
해님 마중 나와 따사로움 안겨주며
사랑 담긴 꽃가마 태워 주겠지
황홀한 꽃 속에서 신선이 되어
막힘없는 하늘을 훨훨 날다가

어둠이 짙어지면
은하수 노란 배타고
선녀들과 춤추며 평화롭게 날아다니리

사랑이 무르익어가
내 마음 가벼워질 때
별빛 달빛 배웅 받아
그리움 뒤로 남겨두고
기다리던 풍선 차 다시 타고서
덩실덩실 춤추며 내려오리라.

창밖을 보며

어둠이 깔려오는
이른 저녁
무심히 창밖을 바라보다
생각에 잠겨본다
흘러간 시간들
앞만 보고 달려온
지나온 인생길
어둠 속으로 빨려 들어간다

지금은 잠시
휴식 시간 같음에
긴 한숨 쉬어보며
감사한 마음으로
어둠에게 질문한다
다가올 시간의 흐름에
어떻게 맞서 나가야 하나
짙어지는 어둠 속에
묻고 또 묻고
대답이 없다

한동안 헤매다
불안감이 밀려와
커튼을 내리고 전등을 켠다
생각의 불씨는 꺼지지 않고
마음 산란함 달래 보려고
TV를 켜고 볼륨을 높인다
복잡한 머리는 정돈이 안 되고
다시 음악을 들어본다
조금은 잔잔해지는 마음
하루를 되돌려보며
슬그머니 잠을 청해본다.

지는 목련 꽃 앞에서

봄볕은 따사롭고
하늘은 맑은데
무슨 생각 그리 많아
입을 쫙~ 벌렸느냐
기다리던 님 오지 않아
큰 입을 더 크게 벌리더니
이제는 지쳤는지 힘없이
처량한 모습으로 주저앉고 마는구나

달빛 벗 삼아 신 나게 놀며
님 마중하던 황홀했던 시간들
별빛같이 빛나던 소녀 같은 꿈은
어디에다 묻어 두고
작은 바람과도 싸움 한 번 못하고
눈물 흘리며 떨어지느냐
추악한 모습으로

뒹굴고 날리며 또 뒹굴고
그리운 님 따라가는 네 모습
모두들 혀를 차며 한숨만 쉬더니
저마다 자기 처지와 비교를 한다
그래도 너는 아주 잠깐이지만
님향한 부푼 꿈 이루어내던
황홀했던 시절 있었노라고
더 큰 꿈을 찾아 욕심내다 놓쳐
버린 거라고.

새벽 열차 안에서

희뿌연 안개 속 뚫고 달리는 새벽 열차
쉰 소리 토해 내며 어둠 속 헤쳐 나간다

풀잎 잠옷 얇게 입고 늦잠 자던 논두렁 밭두렁
기지개 켜고 일어나 찬 이슬로 세수하며

논바닥 수면 위엔 거울에 비친 듯이
하늘 나무집들 그림 그리고
얽혀 있는 전깃줄 조연으로 출연하니
또 다른 물속세상 만들어 놓네

안개 속에 멀리 보이는 앉은뱅이 산들
일어날 줄 모르고 제자리 지키고만 있는데
구불구불 시골 길엔
부지런한 할아버지 자전거 한 대
하루의 시작을 알리며 들녘을 달려간다

동쪽 하늘 둥근 해 떠오르고
한쪽 뺨 차창가 햇살 받아
수줍어 붉어지는 새색시 얼굴 닮아 가네

어느덧 해님은 동산 위서 환한 웃음 보내고
대롱대롱 맺힌 풀잎 이슬
저마다 반짝반짝 눈부신다

질서를 잡아가는 아침 들녘 풍경
고요함 속에 푹 묻혀있는 한 폭의 수채화였다.

황천길

가네 가네 머 언 길로
또 한 잎 떨어져
한 줌 재가 되어
날아가 버리네

애달 퍼라 못다 한 일들
서럽구나 못다 한 사랑을
애통하여라
누리고 싶던 행복들을

무거웠던 짐
언제 다 벗어 던지고
가볍게 훌훌
날아가 버리나

나는 간다네
가야만 한다네
오라는 이 없지만
가고 있다네

오지 못할 길이지만
내 편히 쉴 수 있는 곳으로
내 사랑 모두 남겨두고
떠나야만 한다네

여보시오
울지 말고 웃어주오
황천길로 가는 길 꽃길 만들어
환한 웃음 지으며 가게 해 주오.

김용선 - 30-31

거울

웃어도 보고 찡그려 보기도 하고
새로 사온 옷을 입고 뽐내 보기도 하고
패션모델이 되어 보기도 하고

유리알처럼 맑게 비추어 주는 정직함에
미간을 찌푸려도 보지만
모두를 감싸주며 걸림돌 없이 받아 주기에
오늘도 거울 앞에 서서
이리저리 내 모습을 살펴본다

언제나 말이 없이 바다같이 넓은 마음으로
내 모두의 행동에 불평불만 하나 없이
침묵으로만 응답해 주는 곳

왼쪽과 오른쪽이 다를 뿐
선대칭을 이루고 있는 똑같은 내 모습은
흘러간 세월을 증명해 주는 듯
삶의 흔적들만 변함없는 모습으로
꼭두각시가 되어 나를 응시 하고 있다

나의 내면의 세계까지 들여다볼 수 있게 하는 곳
거울 앞에 서면 언제나 밝고 맑은 마음 되어
세상을 맑게 살아가리라고 생각하게 한다

나의 모두를 투명하고 정직하게 볼 수 있는 곳
지금도 난 거울 앞에서
얼굴 붉히고 서 있어도 싫지 않다.

쑥과의 대화

산비탈의 푸른 언덕마다
덮여있는 풀 중에
제일 많은 것이 파란 쑥이었네

산산한 바람 타고 스며드는 쑥 향기 따라
비탈길을 오르려니 푸름 뽐내는
너를 그냥 두고 가기 아까워
네 향기 가득 담아 오기로 했네

내 허리 필줄 모르고 너와 입 맞대며
훌쩍 커버린 네 허리 뚝뚝 잘라
바구니에 가득가득 담았지

쑥 향기 짙어 질수록 내 맘 흐뭇한데
잘려지는 네 맘 오죽 아파 울었겠니
참아야지~ 참아야지~
네 음성 들리는 것 같아 내 마음도 서글펐지

나는 너에게 잘리는 아픔을 주었지만
그 후로 며칠을
너는 나에게 온몸 구석구석까지
온통 아픔의 고통을 맛보였잖니

세상에 태어나서 보람된 일하고 간다며
네 아픔 참아내고 쑥떡으로 변신하여
나에게 맛의 즐거움과
몸에 좋은 약 되어 주는구나

온몸 이리저리 살펴주며
건강 염려해 주는 네가 있기에
지금도 쑥떡 한 조각 입에 넣고
너에게 감사인사 보내는 새벽이란다.

가로수

속력 내어 달려가는 버스
그 안에 앉아 있는 내 눈에
휙~휙~
지나쳐 버리는 가로수
흘러간 세월만큼
빨리 사라져 버린다

추운 밤 외로이 떨면서
불침번 서느라 무서웠는데
묶인 발목 풀어 주지 않았다고
투정부리는 어린애같이
옆눈질 한번 주지 않고
저만큼 휙~ 달아나 버리나

밤새워 울었던 슬픈 사연을
지나는 가로수에
묻어 버리고 싶었는데
자기 고통 알아주지 않았다고
팽팽하게 줄다리기하는 걸까

이맘 무심하게 떨쳐내고
도망쳐 버리는 것 같지만
항상 그 자리에 서서
지나는 이들의 애환을
가슴속 깊이 묻어주어
꼭꼭 숨겨주는 동반자
술래는 이 마음 찾지 못하리.

무료 쉼터

따뜻한 울타리 포근한 둥지
부자연할 것 없는 자유 만만한 곳

정겹고 소박한 대화 속에
솔솔 아지랑이 피어오르고
아이들의 재잘대는 싸움 속에
몸과 마음이 자라며
어른들의 웃음 속에 화목 이루네

때로는 먹구름이 가려도
삶의 흔적들을 지우고 싶어도
웃음꽃 활짝 피울 때면
격려하고 위로하며 모두 한마음
다 사라져 버리는 곳

가족이란 울타리는 평생 무료 쉼터라네.

연포탕을 먹으며

꿈틀꿈틀
살아있음을 알리는지
느린 몸 움직이느라
온갖 힘을
다 써버리는
낙지 네댓 마리
비좁은 그릇에서
그래도
신이나 했건만
밀가루에 주물리고
거친 소금에 씻기니
너의 움직임은
금방 멈추더라
양념 넣은
펄펄 끓는 탕에
네 몸 넣고 한숨 끓이니
입안에선 군침이 돌고
소주 불러 당신과 서로 나누며
이 밤을 즐기고 있다
네가 들어간 요리
염포 탕을 먹으며.

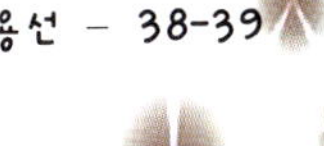

노란별이 된 우리사랑

어둠이 안개처럼
대지를 덮쳐 올 때면
내 마음 그리움 찾아
노란 꿈 한 아름 안고
밤하늘을 서성인다

어디선가 기다리던 님
살그머니 나타나
희뿌연 어둠 속에서
나를 보고 손짓하니

반가움에 우리는
은하수 노란 배 타고
밤하늘을 날아다니며
노란 사랑 수를 심어 놓았네

사랑이 한참 무르익어갈 때
광활한 하늘은

온통 노랗게 물 들여지고
깜짝 놀란 우리는
겁에 질린 모습으로
달님에게 달려갔지

포근하게 맞아주는
달님의 달콤한 유혹
시샘인 줄도 모르고
흠뻑 빠져버린 우리 사랑
밤하늘에 반짝이는 별이 되어
어둠 밝혀주는
노란 천사 되었다네.

흘러가는 강물아

강물은 흘러간다
말없이 흘러간다
곁눈질 한번 주지 않고
평화롭게 흘러간다
지나온 세월을
강물에 띄우니
물결 헤치며
어디론가 흘러만 간다

쓰러지면 일어나고
일어나다 또 쓰러져도
오뚝이처럼
살아온 지난 세월

긴 세월의 아픔을
모두 끌어안고
불평 하나 없이
유유히 흘러만 간다

살아온 긴 세월만큼
큰 물결 작은 물결 틈새를
용하게도 비켜나가며
쉬지 않고 흘러가는 강물아

너는 내 마음을 아는 듯
바람에 물결 일렁이어도
흔들림 없이
멀리멀리 넓은 바다로
흘러만 가는구나.

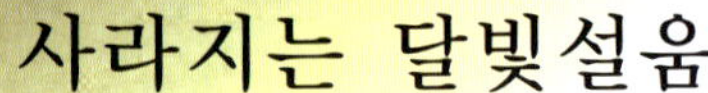

사라지는 달빛설움

이른 새벽하늘
흰 무리의 구름 떼
지평선 가까이로
서서히 움직이고
외로이 떠 있는 새벽달
불침번 되어 밤샘한다

외로움에 흘린
인내의 눈물
희미한 달빛 되어
창문 두드리고
야근에 지친 모습
입 꼬리 살짝 들고 웃음 짓네

수줍은 듯 미소 짓는
너의 작은 미소
외로움도 힘듦도
내색하나 하지 않고
안으로 숨기면서
밤새 웃고만 있었더냐

달빛 새는 창가에
외롭고 쓸쓸한 또 하나 눈빛
너를 따라만 간다
한두 개 반짝이는 작은 별
들러리 되어주고
너와의 뜨거운 포옹 잠시뿐
시샘하는 이 있구나

동녘 하늘에 은은한 빛
수줍은 듯 살짝 비추더니
붉은 노을 곱게 단장하고
힐끔힐끔 엿보다가
갑자기 영롱한 광채
황홀함에 눈이 부시네

사라져야만 하는 새벽 달빛실움
매미는 알고 달래주는 듯
슬피 울어대고
아름답게 화장한 하늘빛
극치에 다다르니
희망의 빛은 점점 밝아 온다.

소리 없는 대화

우주공간에서 소곤대는 소리
하늘은 말하네 너무 높다고
구름도 말하네 너무 무겁다고
달님도 말하네 밝은 빛 달라고
별님까지 말하네 너무 작다고

무언의 대회 동화되어 간다
깊어 가는 밤 불평불만 끝이 없고
외로움 달래려 서로 위로함인가
흐릿한 밤하늘 우주공간 불평들
어둠 타고 어렴풋이 들려오기에

그들의 원망소리 달래주려고
소리 따라 무작정 날아 보았지
닫힌 빗장 살며시 열고
무형으로 다가가 그들을 달랬네

드높은 하늘엔 꿈들이 많고
구름층 너머엔 밝은 세상 있으며
달님 보고 사랑을 노래하고
별님보고 그리움 호소한다 했네

꿈과 희망과 사랑을 품고 있어
밤마다 소망 비는 이들도 있다며
욕심이 풍선처럼 커지면
화를 초래하는 불청객 찾아온다했네

무언의 속삭임이 전해졌는지
서로 환한 빛 인사 나누며
허황된 생각과 불필요한 욕심은
훌훌 날려 버리자는 약속하고
세자리 찾아 떠나겠다네

우주공간도 욕심과 희망이 존재하나 보다.

가을은

가을은
우리의 마음을 풍성하게 한다
앞마당에 널어있는 빨간 고추
바구니 가득한 고구마
과수원의 탐스러운 과일
누렇게 익어가는 들녘의 곡식
산속의 도토리까지

가을은
우리의 마음을 아름답게 물들인다
곱게 물드는 낙엽에서
풀밭에 날아다니는 곤충모습 보며
가을임을 뽐내는 국화꽃에서
한들거리는 코스모스 밭에서
연인들의 사랑하는 모습에서도

가을은
우리의 마음을 움직인다
시원한 바람 시원한 마음 주고
서로 믿고 서로 용서하는 마음 주며

서로 양보하고 배려하는 마음 주고
절망보다 희망을 갖게 하고
우울보다 오가는 웃음까지

가을은
우리의 행동까지 운전해준다
서로 나눔 주고 감사하며
게으름 버리고 바지런주며
TV 앞보다 책 읽기에 열중하고
집 주변 아닌 먼 산 찾아 등산하고
저마다 월동준비 바빠지는 모습에서

가을은
우리 마음을 살찌우고 풍요롭게 하며
살아 있음을 축복으로 알게 한다
그래서 가을은
누구에게나 사랑을 받는 계절인가보다.

깊은 밤 거울 앞에서

꿈꾸다 놀래 일어나니
무슨 꿈인지 모두 사라지고
긴 꼬리 슬금슬금
도망치는 도마뱀처럼
잠은 멀리 사라져 버렸네

다시 잡으려 애태우나
미궁 속 빠져 들어가는 잠 꼬리
잡힐 듯 잡히지 않는 안타까움
끊긴 잠 필름 풀릴 줄 모르고
이제는 아주 멈추고 말았네

용수철 튕기듯 벌떡 일어나
기지개 크게 한 번 켜고 난 후
눈 비비며 화장대로 걸음 옮기니
나를 응시하고 있던 거울
말없이 물끄러미 보고 있었네

데칼코마니 수법으로 찍어 낸 듯
반대편 비추인 내 모습
표정 바꿔보고 또 바꿔 봐도
세월 때 묻은 모습 짙게 풍겨
마음 슬프고 우울하기에
메이크업은 서서히 시작되었네

아티스트의 손놀림 점점 화려해지니
거울 속에 비추인 모습
조금 전 내가 아닌 내가 되어
즐거움에 흐뭇해하는 표정
깊은 밤 거울 앞에서
또 다른 나를 보았네.

호숫가에서

바람결
고요하고 잔잔한 푸른 호수

깊숙이 얼굴 비추고
밀어 나누는데

둥둥 떠다니는
가랑잎 하나 덩달아 동행하니

어디서 왔는지 청둥오리 떼
빙빙 돌면서 흥을 돋우고

내 마음은 가랑잎 위에서
출렁대며 춤을 추네

호수가 태워주는 뱃놀이에
즐거움 가득하였지.

비가 주룩주룩 오던 날

하늘도 대지도 컴컴하더니
금방 주룩주룩 세찬 비 내린다
컴컴한 그곳으로 뚫고 들어가
마음속 묵은 때까지
뽀얗게 씻어 내고 싶다

저 강한 빗줄기
무엇이 신이 나는 지
저렇게 힘차게 내려치는가
우리 사는 모습 힘들다고
용기 주러 오는가

우울한 생각들
빗줄기마다 심어 놓더니
순간 밝은 해님 나타나
웃음꽃 환하게 피게 해준다
잠시 후, 햇빛은 우리의 동무 되었지.

내 마음의 거울

내 마음의 거울은 요술쟁이

고향이 그리울 땐
고향 하늘로 날아가
그 옛날 추억을 그려놓고

친구가 그리울 땐
그리운 얼굴들
모두 모두 떠올려 놓고

사랑을 하고플 땐
사랑하는 그님 되어
아름다운 사랑 꿈꾸게 하고

외로움에 떨고 있을 땐
외로움 달래주는 친구 되어
슬며시 입가에 웃음 짓게 하고

나눔하고 싶을 땐
따뜻한 나눔터가 되어
이웃을 생각하는 시간 갖게 하고

자식이 보고 싶을 땐
자식들 얼굴 가득 떠올려
화목한 모습 그려주는

내 마음의 거울은 요술쟁이

오늘도 내 마음속에
시시각각 벌어지는 일들의
희로애락을 맛보며
모두를 수용하며 답을 주는
마음의 거울에
감사함을 비춰 보낸다.

은행잎

깊어가는 가을빛
쾌청한 하늘 보며
노란빛 뽐내던 은행잎
불어오는 바람 두려워하더니

흔들흔들
요람처럼 살랑거리다
푸른 하늘 입맞춤하고
난 분분 난 분분 떨어지는 신세

수줍은 얼굴 분가루 흩날리며
치맛자락 나풀대는 여인네처럼
떨어지는 그대 모습 아름다우니
그 황홀함 감탄하고

살그머니 내려앉아
머리에 노란 화관 씌워주고
길 위엔 노란 카펫 깔아놓아
마음마다 아름다운 사랑 만드네

노란빛 아주 곱게 물들이려고
긴 여름 내내 혼자 끙끙 앓더니
아름답고 포근한 사랑 나누어주고
이제는 가는구나, 한 줌의 흙으로.

가을 아침 하늘(2)

가을이 무르익어가는 어느 이른 아침
쌀쌀한 바람 온몸에 스며와 잠을 깨고
눈빛과 마주한 창문 밖 아침 하늘
그 숭고함에 마음 서성인다

울렁이는 마음의 소리들
힘차게 아침 문을 여니
높고 푸른 하늘
오합지졸의 복잡한 생각들
금방 세탁되어 하얀 도화지 위에
하루의 꿈들이 그림을 그린다

맑고 푸른 가을 하늘 신선한 공기타고
동공 속으로 파고들어 와
마음에 신바람 꽃 피워내고
아름다운 생각들 솔솔 솟아나
하늘이 들려주는 신선한 메시지
오늘의 활력소가 되는구나.

낙엽이 가는 길

가을은 깊어 간다
찬바람에 고운 낙엽 길 만들고
지나는 이들에게 손짓한다

밟히는 소리 바스락바스락
아파도 좋단다
님들이 좋아한다면

가을이 떠나가려 한다
겨울 재촉 비 내리고 세찬 바람 불어 오면
어디로 가야 하나 갈 길을 잃는다

아름다움이 추악한 모습 되어
이리저리 밟히고 날리다 사라져야하는
낙엽의 유명이여

아! 애달프다
우리네 인생과 무엇이 다르랴
한 줌 흙으로 돌아간다는 것이.

김용선

가을 사진을 보고

그곳이 어디 메뇨
가을이 익어가는 아름다운 농촌
깊어가는 가을의 평화로움
단풍 곱게 물들인 조용한 산사 같은 곳
하루쯤 머물고 싶은 곳

높고 푸른 가을 하늘
떠다니는 솜털 같은 구름 떼.
그를 배경으로 시냇물에 그림 그려놓고
도라지 꽃 아니면 들꽃들의 군락
잔잔함의 극치로다

누렇게 익어가는 들판
물끄러미 바라보는 해바라기 모습
바람결에 흔들리는 갈대 소리 들으며
살포시 웃음 짓고

저물어가는 가을의 저녁
하늘은 어느새
황혼빛 노을로 물들이고
붉은 해 숨어 버린다

눈에 보이는 운해
자욱한 운무속의 산머리들
장관을 이루니
이 어찌 감탄하지 않을 소냐

난 집안에서 사진을 보며
가을을 여행한다.

쏟아지는 가을비

소리 없이 내려온다. 가을비
힘없이 내리는구나
수줍은 여인네 치마폭에 숨은 듯
살포시 얼굴 내밀며 내리누나

여름 네 펑펑 쏟아 부어
온 생명에 힘 북돋아 주더니
희망 소망 이루어낸 밝은 표정 보고
이제는 제 갈 길 가려 하는가

내 갈 길 가려 하나
그냥 가기 서러워 눈물 보이나니
여보시오. 모든 생명체들이여
제 말 한 번 들어 보소

떠나는 가을비 외면 마시오
나 없이 그 자리에 없었노라고
다시 한 번 원 없이 쏟아 붓는다고
가을비 펑펑 외쳐보고 가려 함이네.

청명한 가을 하늘(1)

아침에 일어나
시선은 하늘에 닿고
신선함과 상쾌함
확 트임과 시원함
환희의 맛을 본다

넓고 넓은 파란 하늘
지긋이 내려다보더니
어진 미소 띠우고
세상만사 괴로움 품어 안으며
혼란해진 마음 어루만져 준다

파란 하늘 보며
입 열고 크게 한번 웃어보고
마음 열어 내 꿈 그려보면
트이는 가슴 넓어지는 마음
신바람 나는 하늘이어라.

내 심장이 살아 있기에

가을은
내 마음을 울렁거리게 한다

사랑주고 사랑받게 하여 그리움 안겨주고
사각사각 낙엽 길 밟으며
님과 함께 거닐고 싶은
소녀의 마음으로 되돌리는
마법을 가진 계절

가을은
사람 마음을 살찌게 한다

수확의 기쁨을 맛보게 하고
나눔의 풍성함 주고
마음을 따뜻하게 해주며
꿈과 희망 찾아 책과 씨름하고
단풍 찾아 여행하는
여유로움을 주는
감상의 계절

이런 일상의 모든 일에
맛보고 느낄 수 있고
즐길 수 있는 건
튼튼한 심장이 내 안에
살아 움직이기 때문에
난 내 심장에
항상 빚을 진 마음으로
고마움 간직하며
감사히 살아가고 있다.

고추잠자리

아슬아슬 곡예 하다
지쳐버린 고추잠자리
코스모스 꽃에 앉아 미동 없이
꼬리 살짝 치켜든 채 자리 지킨다

빙빙 춤추는 다른 잠자리 떼이
윙윙 소리에 부시시 잠 깨어
가려워 몸 뒤트는 꽃잎에
살며시 다가와 간지럼 태운다
손으로 씻어주고 살살 긁어주며
핥고 비비고 앉았다 일어서고.
날았다 다시 앉기를 반복하니
간지러워 얼굴 돌리는 코스모스

그 사랑스러운 모습이 보고 싶어서
서성이는 빨간 고추잠자리
아름다운 모습에 시선 멈추고
동심으로 돌변한 심술궂은 마음은
잡힐 듯 잡히지 않는 잠자리 곁으로

살금살금 다가가 손바닥 펴는 순간
어느새 알았는지 휙, 날아가는
재빠른 고추잠자리

펴진 손 다시 보며
큰 숨 한번 쉬어보고
허탈함에 고개 들고 하늘 보니
내 모습 우습다고 물끄러미 내려다본다

자기를 방어하는 본능은
우리네와 같은 가 보다.

김용선 - 66-67

2부 유리창에 그린 그림

짙어가는 겨울의 한 자락에서
창가에 짙게 깔리는 어두움도
유리창에 그려진 하얀 물결에
그리움 토해내며 슬피 울어낸다.

-유리창에 그린 그림 중에서-

그리운 어머니

온 천지 하얀 세상 되던 날
밟아 보고 싶다던 하얀 눈
흔적 남기면 아파할까 봐
발자국하나 남기지 않고
훨훨 날아가시던 고운임
내 어머니시여

올해도 찾아온 어머니 기일
갑자기 흐려지는 시야
추도식 직전에 내리던 눈송이
창문가에 머물며 서성이니
생전의 어머니 모습 아른거려요
내 집 그리워 오셨을까
자식들 보고 싶어 오셨을까

살아생전 여인네의 한 풀지 못하고
인내로 견뎌낸 인고의 긴 세월만큼
오시며 겪어야 했을 수많은 고통
사무치는 그리움이 승리자 되어

눈송이 가마타고 한파 속을 헤치시며
더듬더듬 찾아오신 어머니셨나요

눈가에 맺히는 촉촉함
살짝 떨려오는 찬송가 소리
어머니, 들으셨지요. 제 음성을
고운 자태의 모습 보이시더니
눈송이 사르르 녹아내리며
사라지신 그리운 어머니 모습이여.

마음 빈터에 뿌려진 꽃씨

함께 지냈던 수많은 날
그리움이 강물 되어
별님 속으로 숨었을까
달님에게 흘러갔을까
밤이면
별 헤아리며 이야기 나누고
보름달 훤히 떠 있을 땐
계수나무와 산책하고
끈적끈적 매달려 보는 텅 빈 마음
밤하늘 멀리서 부르는 소리
그리운 가락 이슬 되어
슬픔만 커지어라

허전함 달음박질하니
메마른 밭에 뿌려보는 꽃씨
예쁜 마음 씨앗을

무지개 빛깔의 사랑 씨앗을
달이 뜨는 밤이면 사랑 나누고
반짝이는 별님과 그리움 나누다

아침 햇살 떠오르면
밝은 희망 안겨 주라고
마음 빈터에 뿌려진 꽃씨
알록달록 아름다운 정원 되면
행복 빛 환하게 비춰 주는
풍성한 마음 밭 되리라.

바람의 선물

사랑이 밀려온다
바람 타고 두둥실 둥실
꽃잎사랑 풀잎 사랑
아름다운 사랑 실은
예쁜 수레 끌고
흥겹게 노래 부르며
가볍게 창문 두드린다

살랑대는 바람의 몸짓
잠자는 요람 위에 춤추고
꽃향기 뿜으니
사랑 선물 전한다
가녀린 풀잎 사랑
애타게 기다리는 마음
그리움이 이런 것 인가

덜 익은 사랑 가슴 울렁이고
마음 설레어 놓으니
떠나버린 무심한 바람이여

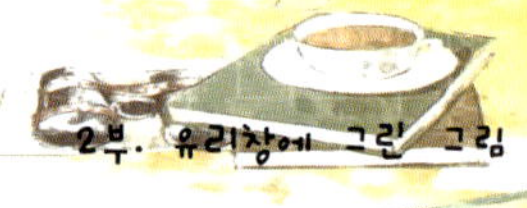

슬픔만 휘저어 놓고
꿈꾸던 아름다운 사랑
초롱초롱 빛나니
하얗게 불태우는 밤은
소리 없이 깊어만 간다.

마음의 기적소리

멀리서 기적이 들려오네요
내 마음 깊은 곳에서
찬바람 헤쳐 가며 들려오는 소리
어둠 속 질주하는 갖가지 상념들
촉수 길게 뻗어 마음 휘저어 놓는다
아물거리던 기억들 적막 깨트리고
고요 속에 무도회 막이 열리니
추억의 기적 소리 기지개 편다

잔잔한 마음에 흐르던 조각배
잠을 깬 사공은 기억 살아나고
더듬더듬 힘차게 노를 젓는다
밀려오는 그리움 느려지는 움직임
흩어지는 마음 모아 보지만
추억 실은 조각배에서
흘러나오는 노랫가락
아름다운 멜로디 허공에 둥실둥실
마음의 기적 소리 울려 퍼진다.

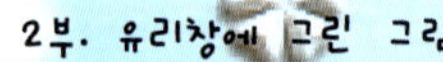

유리창에 그린 그림

성에 낀 하얀 유리창
차디찬 도화지 위에
손끝으로 가만히
그임 얼굴 그려 보는데
지나가던 바람도 갈 길 멈추고
추위에 떨면서 가슴 넘나들며
함께 그려낸 잔잔한 흰 물결

여린 마음에 찬바람 불고
귓가에 간지럼 주는
창문 두드리는 성애들 소리
짙어가는 겨울의 한 자락에서
창가에 짙게 깔리는 어둠도
유리창에 그려신 하얀 물결에
그리움 토해내며 슬피 울어댄다.

김용선 – 76-77

둥지 지키는 어미 새

산으로 들로 온 천지 넘나들며
여유롭게 날던 산새 한 쌍
따뜻한 둥지 트니
귀여운 아기 새 선물 받아
달콤한 사랑가족 만들었네
멈춰 주지 않는 세월의 냉정함이라
아기 새 어엿한 어른 새 되어가고
새 둥지 찾아 훌훌 떠나간다

그리움만 남겨진 텅 빈 둥지
어미 새만 덩그러니 남아
넓은 하늘 힘차게 헤쳐 가는
늠름해졌을 추억 속의 아기 새
그리워하는 마음 또 그 마음
뜨거운 용암 되어 솟아오르니
멀리 하늘만 물끄러미 바라보다
전력 다하여 날던 옛 생각 떠오른다

여리어진 날개 짓
힘껏 퍼덕거려 보지만
잦은 털갈이에 올곧게 영근 중년의 새
날아가는 하늘길 멀기만 하여라
세월 흐르는 만큼 버거워지는 힘
따라갈 수 없는 아쉬움만 남아
눈가엔 이슬이 방울방울
서글픔 나이 탓으로 돌려본다

가슴 속에 짙게 드리워지는 그리움.
먹구름 잔뜩 낀 날이면
하늘 바라보며 애태우는 심정
길 잃고 헤매는 모습 애처로워라
옛 둥지 찾아오려나
행여 하는 마음 짙어지는 기다림
날개 짓 접고 둥지 지키는 초로의 어미 새는
체념한 듯 처해진 운명 속을 거닐고 있다.

아가의 미소

새 손님 맞은 아가 얼굴
동글 한 눈 더 둥그러지고
시선은 낯선 얼굴을 응시한다
까만 눈동자 미동도 않고
무얼 알려고 할까
무얼 생각하고 있을까
한동안 쳐다보다
얼굴 빨개지며 응 아, 응 아
젖 빨던 힘 큰 소리로 울어댄다

무안 해 지는 손님
표정 바꾸어 묘안을 짜고
새로운 연기는 시작된다
아가 앞에서 온 힘 다하여
어색한 재롱떠는데
점점 익숙해지는 연기
실눈 같던 눈 뜨고 울던 아가
다시 커지는 눈동자
얼굴 환해지고 눈길 맞추며
살포시 미소 띤다.

눈꽃 사랑

시계(視界)가 하얗다
내 마음도 하얘진다
아름다운 세상 빛 순백의 마음 빛
어둠에서 뿜어내는 순결한 사랑의 빛
희고도 흰 눈꽃들이여

하얗게 채색된 세상
날이 지고 달이 떠도
별처럼 반짝반짝 찬란하게 빛나니
밟아보기 애처로워 눈에 가득 담아 놓고
마음에 쓸어 부어 그리움 토해낸다

순백의 황홀함이요
고귀한 순결함이라 눈꽃처럼 순결한 사랑
아름다운 사랑을 추억 속에 담아 두려는데
길 못 찾아 헤매는 님 눈밭에서 서성이니
눈꽃에 매달린 그리움
애타는 마음 전할 길 없네.

달빛 그림자

한밤의 어스름 달빛
나뭇가지에 걸치고
어둠 골 맴도는 공허감
길게 드리운 그림자
적막감은 고독을 불러내고
두근거리는 가슴은
꽃망울 터져 나오듯
톡톡 튀는 그리움 또 그리움

달빛은 여전한데
짙게 깔린 그림자 위에서
너울대는 그리움은
님을 기다리며 서성인다
가슴 두근거리는 사람아
고요함이 감도는 이 시간
눈에 가득 안기어
여린 가슴 울렁이게 하는가

얄미운 달님 구름 속에 숨으니
그림자 사라진 칠흑 같은 밤
그리움 더욱 또렷해지고
님 모습 찾아 헤매는 서러움에
남몰래 흐르는 눈물
젖어진 마음 닦아내며
어둠 속에서 외줄 꼭 잡고
달님에게 호소하는 모습
애달프고 애달다
달빛 부르는 가슴 아픈 사랑아.

한 밤의 멜로디

목화들의 숲 속에서
평온한 숨 길어지는 깊은 밤
새록새록 고개 드는 그리운 옛일들
하얀 솜털 속 은밀하게 쌓여있던
타임캡슐 꼬여 내어
어둠 속 어디론가 훨훨 나르려 한다

캡슐은 터지고
가슴을 뛰쳐나가 간지럼 태우니
목 안에서 맴돌던 여린 멜로디
줄 잇는 그리움 슬픈 가락 되어
천장에 부딪치고 창가에 서성이니
한밤의 적막감은 사르르 녹아내린다.

그리움은 날개 달고

옛사랑 꿈틀대는 밤의 한 자락에서
빗나간 인연을 후회하는데
세월이 만든 녹슨 사랑
포근한 솜털 속에서 꿈틀거리네

잠자던 그리움 깨어 일어나
보일 듯 잡힐 듯 님 찾아
날개 단 귀여운 요정 되어
나풀거리며 어둠 속을 날아다니네

젖은 날개 활짝 펴고 힘껏 퍼덕거려 보지만
깊은 터널 속으로
흔적 없이 사라지는 님의 모습
불 밝히고 튕겨 나온 그리움
울링거리는 마음 달랠 길 없네

허공을 떠다니다가
날개 접고 돌아온 솜털 안
포근한 숲 속에서 들려오는 자장가 소리에
스르르 잠이 든다.

외로움이 커질 때

그리움이 기다림으로 바뀌면
잔잔한 미소가
살그머니 입술을 건드리고
기다림이 시작될 때면
즐거운 일들로 마음이 바빠진다

기다림이 목말라질 땐
눈가에 촉촉하고 따스한
물방울 하나 뚝

기다림이 지쳐 버리면
더 큰 그리움 되어
눈물도 촛농 되어 굳어버리네

그리워 또 그리다가
외로움 부여안고
답답한 가슴에 눈물짓는다.

울보

보고 싶어 울고 그리워 울고
대화 속에 섭섭함이 있으면
서러움이 치밀어 울고
외로움에 떨다 울고
슬픈 이야기만 들어도 울고

눈가에 촉촉이 맺혀있어
항상 대기하고 있다가
틈새 보아 튀어나오는
이 작은 샘물의 표출구

난, 자제할 능력을 잃은 지 오래다
이렇게 나이가 70을 향해 달려가는데도
마음은 늘 나이를 따르지 못하고
어린 소녀 때의 그 모습 그대로
툭 건드려도 우는 나는 울보라네

난, 정말 울보인가 봐요.

백화점 식당가의 풍경

장마 끝의 모임 있던 날
엿가락 늘어나듯
축 늘어진 몸
힘없이 전철에 실었다
냉방 시설의 시원함에
감은 눈 뜰 줄 모르고
끝없이 어디론가 가고 싶다

점심시간
도착한 백화점 안의 식당가
기다릴 자리도 없이 시끌벅적
대부분 중후한 중년여성 모습들
저마다 멋지게 차려입고
뽐내기나 하려는지 우아함을 드러내며
입 운동에 열을 올리고 있다

찻집에서는 더 큰 고성
무슨 얘기 나누는지
옆 사람 아랑곳하지 않는다

즐거운 표정 짓고
하하하 호호호 낄낄낄
주부들 스트레스 푸는 장소 같다
백화점 식당가의 점심시간
말 그대로
도깨비 시장과 무엇이 다르랴.

유유히 흘러가는 강물아(1)

강물은 흘러간다
말없이 흘러간다
옆눈질 한번 주지 않고 흘러만 간다

내 눈도
강물 따라 흘러간다
눈동자의 초점은 고정되고
그곳 따라 흘러만 간다

그리움을 강물에 띄우고
물결을 헤치면서 흘러간다
사랑하는 님 향하여
쉬지 않고 멀리 흘러만 간다

그리운 님 만나려고 끝없는 길을
물결에 부딪치고 또 부딪쳐도
수줍은 듯 조용히 흘러만 간다

유유히 흐르는 강물은
님 만나러 흘러간다
변함없는 사랑 가득 담아
말없이 흘러만 간다.

무거워지는 마음

한 밤의 고요 속에 울리는 벨 소리
철렁하는 마음에
두려움이 엄습 해온다

손자의 입원 소식
떨리는 가슴 울렁이는 마음
밤 기류 타고 병원으로 날아간다

캄캄한 동굴 속을 헤쳐 나가며
힘들면 잠시 머뭇거리고
희미하게 떠오르는 갖가지 생각들

놀란 가슴에
급해지는 마음은
어둠 속을 두려움 없이 달려간다

병원에 들어서자마자
무언가의 중압감에
깊은 늪에서 방황 하는데

병상에 누워 있는 어린 손자 모습
울컥 하는 심정 온 몸을 적시고
미여 지는 가슴은 아파 옴을 부른다

저절로 고개 숙여 기도 하게 되고
애원하는 내 안의 목소리
때에 따라 매달리는 기회주의 자
얄팍해지는 마음 미워진다.

퇴색 되어가는 언어

나의 언어는
초록빛 싱싱했던 그 시절엔
암 흙 속에 빛나는 심해어처럼
형광 빛 여기저기 밝게 비추며
날개 펴고 푸른 벌판 날아다녔지

나의 언어는
언제인가 흐릿한 등불 되더니
아물아물 머리에서 어른거리고
낯선 풍경들의 잇따른 출몰에
점점 힘을 잃어가더니

나의 언어는
오늘도 표출구 찾지 못하고
마술사 손끝의 비둘기처럼
신기루같이 나타났다 사라지는 생각들
세월 따라 점점 잦아지는 깜빡거림

나의 언어는
얇게 도포된 얼굴의 주름살 위에
소리 없이 흐르는 서글픔 주고
세월의 덧없음을 알려오는 듯
주변을 맴돌고만 있네.

바나나의 사랑

이 작은 한 몸 사랑 되어
나 사랑하는 사람
입으로 가야 하네

예쁜 바구니 속의 나
어느 순간
그 임의 손으로 매만지더니

간지럼 주며 만지작만지작
다시 입가에 입맞춤하고
살살 옷을 벗기기 시작하네

사랑에 버림받은 다른 분신들
지나는 사람들 발밑에서
짓눌려 비참한 신세 되는 것 보며

나는 이미 알몸이 되어
내 사랑 임의 입안에서
잘근잘근 녹아내리네

좁은 길 따라 한참을 가니
따뜻한 동굴 속 나타나
내 사랑 임사랑 교집합 되니

우리 사랑 이제는
뜨거운 피로 탈바꿈되어
그 임의 온몸 구석구석 함께 여행하네.

내 안의 플러그를 뽑으면

인생의 페달을 밟노라면
욕심 생겨 힘차게 밟아지고
슬며시 내 안에 꼽혀진 플러그
탁해지는 마음 두꺼운 층 이루고
푸른 하늘 흐리게 보이며
둥글던 마음 모나게 되네

무거운 표정 감출 길 없어
힘든 성찰의 시간 거치니
빠른 페달 느슨하게 밟아지기에
이곳저곳 들러 가노라니
눈앞에 펼쳐지는 세상
아름답고 투명하게 보이네

꼽혔던 플러그 저절로 뽑아지며
마음 맑아 명랑 해 지고
맑은 샘물 솔솔 솟아나
정겨운 이웃 보이고
흐린 하늘 맑게 보여져
아름다운 세상눈에 가득하네.

내일을 기다리며

어제의 하루는 어제로
오늘 하루는 오늘로
그날그날 끝일 진데
그래도 멈춤 없이 매일 같은 하늘 보고
꿈을 묻는 어제오늘이었네

하늘은 꿈들의 세상
멍하니 보고 있자니
둥둥 떠다니는 작은 구름 떼
삶 인생 띄어 놓고
세월의 덧없음 노래한다

흩어진 구름 조각 또다시 뭉쳐지고
두 손 모아 염원하는데 섬광이 비춘다
번쩍이는 아이디어
희망 끈으로 꼭꼭 묶어 놓고

얼굴에 밝은 미소
내일 오면 또 내일이 오면
새로운 꿈은 계속 기다려 주겠지.

김용선 – 98-99

수평선

저 멀리 수평선
드높은 맑은 하늘 끝없는 넓은 바다
푸르름 짙게 물들이고
함께 공유하면서 언제나 변함없이
공생하는 하늘과 바다
가보고 싶은 그곳

물고기 헤엄쳐 평생갈 수 없고
세찬 파도 성내도 접근할 수 없는
멀고도 먼 수평선
가다 지쳐 졸고 있는 외로운 돛단배
그곳에 훨훨 날아갈 수 있는 건
오직 내 마음뿐이라네

잔잔한 파도소리 가지런히 몸 담그고
서로 등대고 회색빛 사랑 속삭이며
정겹게 그리움 나누는 곳
멀리 희미한 수평선에
시선은 고정되고 서성이다가
부러움과 그리움만 가득해지니

꿈이 있고 희망이 있고
잔잔한 음악이 흐르고
그리운 이와 속삭임 나누고 싶은 곳
포근하고 넓은 가슴으로 안아 주며
애잔함 달래 주는 어머니 품 같은
그곳으로 내 마음 띄어 보낸다.

김용선 - 100-101

마음의 샘물

마음은 날마다
새로운 샘물을 파 놓는다

행복한 마음으로 흐뭇해하면
행복의 샘물이 솟아나
입가에 웃음 가득하고

기쁜 마음으로 일할 땐
기쁨의 샘물이 솟아올라
일의 성과는 두 배 세배

우울한 마음 무거움 가득하면
어둠 샘물 되어 물길 숨어 버리니
갈증만 심하고 입술은 오물오물

미워하는 마음 생기면
미움 샘물 되어 심술궂게
조금씩 흐르니 후회하게 되며

욕심으로 돌돌 뭉쳐질 땐
근심 샘물 되어 걱정만 생기니
해우소(解憂所)로 가야만 하네

행복한 마음의 샘물
한결같이 졸졸 흘러나오도록
하루하루 욕심 조금씩 내려놓아

기쁨과 감사하는 마음
충만한 삶이 되었으면 좋겠다.

황혼의 해변

해님 서산에 숨고
어둠 밀려오는
해변의 저녁 하늘
검푸른 희미한 하늘빛

수면 위에 떠 있는
은빛 물결의 잔잔함
숨어버린 해님의
외로움 알리고

밤바람 조용하니
거센 파도 잠재우고
멀리 보이는 수평선
뚜렷한 경계선 이루네

쌓아 놓은 모래성
흔적 없이 사라지고
그리움은 추억만 남겨 놓고
해변의 저녁은 깊어만 간다.

갈대

들 바람 산바람에 부르르 떨고 있는
그리움에 지쳐 있는 외로운 봄 갈대야

기다림에 목말라 고개 떨군 너에게
일렁이는 바람소리 친구 되라 해 줄까

바람소리 노래 삼아
자장가로 들리면 그리움과 외로움
절로 달래 지겠지

떨고 있는 갈대야 표정 다시 바꾸고
마음 문 활짝 열어 소리 방향 따라가렴

스쳐 가는 바람소리 흔들리는 갈대 찾아
화음 맞춰 연주하면 작은 소리 들릴 거야

들 바람 산바람은 무섭지 않다고
따뜻한 바람 따라 여행 떠나 보라고.

아침노을

어둠을 뚫고 차는 달리고
차창 밖 불그레한 동녘 하늘
고운 빛 물 들여 놓으니
옷 갈아입기 바쁜 뭉게구름
사이사이 뻗어 나가는 빛줄기
여명이 밝아오는 고속도로
어느덧 시야는 훤해진다

성 난 빛줄기 광란 일으키고
둥둥 떠 있는 구름 사이 헤치며
서서히 얼굴 내미는 붉은 덩이
솟구치는 속 내음 드러내니
깊이 잠든 상념들 깨워 놓고
크게 뚫린 마음의 고속도로
질주는 시작된다

새롭게 번쩍이는 광채
시시각각 변하는 하늘 그림
차 안까지 달려온 아침노을
신비로움에 황홀하여라
떠오르는 붉은 해에 이 몸 던지고
생각의 건더기만 마음에 담아
아름다운 아침을 곱게 물들인다.

친구를 만나서

친구 만나러 가던 날
아침 공기 유난히 상쾌하여
환한 옷 몸맵시 치장하고
머플러 하나 걸치니
용기 샘솟고
힘 있는 빠른 발걸음
놀고 돌아서 찾아간 곳
약속 장소에 도착하였지

몽마르뜨 공원 옆의 용수산
예약 룸에서 쉼을 하면서
7명의 친구 얼굴 그리고 있으니
하나둘씩 나타나
네가 바로 너냐 나다
시끄러운 인사 나눈 뒤
모두는 할머니티를 내느라
손주들 이야기로 꽃을 피운다

식사 도중에도 대화는 계속되고
퇴실 시간 되어 아쉬움 남기고
밖으로 나와 현관 앞에서
마음만은 청춘이니
오늘 이 시간 이 제일 젊다며
추억의 한 토막을 사진기에 담으려니
모두가 쑥스러움에
표정까지 굳어 버리는 젊은 할머니들.

다시 바로 옆 몽마르뜨 공원에서
못다 한 이야기 나누며
찍어대는 카메라 앞에서
자연스럽게 몸맵시 맡기는
여사님들의 표정들 밝기만 하였네
다음의 약속 날짜 정하고
자주 만나 저무는 우리 인생
아름다운 수를 놓으며 살자 하였지.

저무는 가을 여행

하늘은 높고
푸르름 여전한데
찬바람 옷깃 속
깊숙이
자리하려 하네

볼에 스치는 바람의 맛
떠나려는 가을을
잡을 수 없기에
다가오는
초겨울의 맛배기를
벌써 알리려 하는가

울긋불긋 깊어가는
가을 산 유혹에
눈과 입가엔
웃음 연발하고

한적한 숲 속에서
포근한 낙엽 위를
저벅저벅
걸어가는 소리
떠나려는
가을의 애잔함에
파도처럼 밀려와
이 마음 쓸쓸해지네

아, 가을은 이런 것인가.

김용선 – 110-111

청보리 밭에서

보리밭 푸른 물결
머리카락 나부끼듯
바람에 살랑살랑
한들한들 춤추며
내 가슴에 안겨오네

파도치며 너울대는
평온함 속에
잔잔한 음악 흐르고
울렁이는 내 가슴
가던 길 멈추네

이따금 보이는
못난이 깜부기
푸른 머리 변신하여
거 무죽 한 머리로
수문장 되어버렸네

고개 쭉~ 내밀고
두리번두리번
바람 부르는 모습이
얄밉다고 눈짓해도
모른척하네

바람 소리 마중 나가
살랑살랑 속삭이더니
잔잔한 파도 불러
여유롭게 너울거리며
우리를 맞이하네.

시장거리

가지런히 놓여있는
형형색색의 물건들
사람들의 마음을 흔들어 놓는곳

여기저기 어지럽게 걸려있는
먹거리 간판들
지나는 이들의 입가에 침이 맴돌고

이 거리 저 거리 두리번두리번
오고 가는 이들의 시선 속에
서로 만나 정겹게 인사 나누며

아우성치는 소리마저
신이 나고 흥겨운
노랫가락으로 들리는 곳

보는 즐거움 먹는 즐거움
왁자지껄한 시장 안
흥정 속에 물건 건네며

산 사람 흐뭇해하고
판 사람 만족해하는
보람 있고 희망이 보이는 그곳

시장거리는
따뜻한 정이 넘쳐흐르고
향수에 젖게 하며
사람 사는 냄새가 물씬 풍기는 곳이지요.

출렁다리 위에서

둘러싸인 산자락 가운데
깊고 짙은 푸른 호수 위
오늘도 많은 이에게 즐거움 주는
출렁다리 친구 있었네

긴 다리 언제 건너나 기다림 속에
아슬아슬 떨고 있는 사람들
마음도 출렁출렁 출렁인다
푸른 호수 위 출렁다리
흔들흔들 흔들대며 재미있다네

흔들리는 다리 위에서
나도 한 마리 나비 되어
날아보고 뛰어 보고 앉아 보고
춤추는 어린이가 되는구나

어느덧 해는 서산에 지고
조용해진 호수 위의 출렁다리
하루 쉬어 가고픈 충동 일어나고

긴 숨을 크게 내쉬며
흔들리는 마음 달래보는
한적한 출렁다리 되어 버렸네.

숲 소리 듣는다

귀 기우려 본다
한적한 오후 나무그늘 아래서
잎새들의 소곤거리는 소리를

하염없이 바라본다
소슬바람에
치맛자락 날리듯
나풀나풀 흔들면서
정답게 속삭이는
그들의 모습을

생각난다
아스라이 스쳐 지나가는
지난날의 흐릿한 기억들이

들어본다
내 삶의 지난이야기
숲 속에 묻어 두고
함께 어우러져 하모니를 이룬
아름다운 숲 소리를.

이른 아침 강가에서

어느 가을날 아침
찬바람이 얼굴을 스치고
이슬 먹은 낙엽 따라 강가에 있는
호젓한 산길을 걷노라니

낙엽 밟히는 소리에
마음 그리움이 꿈틀대고
넘쳐흐르는 그 소리
아침 이슬과 함께
고요한 숲 속을 꽉 메우네

멀리 바라보이는 아물아물 물안개
보일 듯 보일 듯 커져가는 동공
하늘은 곱다랗게 물들어가고

어쩌다 보이는 비둘기 한 쌍
강물 위를 순찰하듯
배회하며 춤을 추니
내 마음도 물안개 속으로
깊숙이 묻어 들어간다.

님 그리는 밤

보고 싶은 그리운 님이시여
캄캄한 밤하늘에서 내려오실까
깊은 마음 바다에서 튀어 오를까
깔아 놓은 비단길
방울방울 눈물로 젖어 있네

애태우며 그리워하는 님은 오지 않고
주변을 맴돌며 유혹하는 걸까
잡힐 듯 잡히지 않고
따뜻한 님의 사랑 멀어져만 간다

그토록 기다려도 보고파도
어둠 속에서 찾을 길 없어
마음 빈터에서 고운 옷 입혀 보니
미소 짓고 내 앞에 서 있는 것 같다

하얀 도화지에 그려보고 또 그리는
님의 모습 방 안에 가득 차고
백지 위에 누워 내 마음 달래 주니
그리워 홀로 지새는 밤 외롭지 않네.

꿀벌의 장미 사랑

유월의 태양 아래
입술 언저리 부르르 떨며
뜨겁게 타들어 가는
저 한 송이 장미를 보라

울렁이는 이 마음을
꽃심 속으로
끌어 드리려는지
붉은 날개 활짝 펴고 손짓한다

어디서 날아왔는지
어미 알아차린
훼방꾼 꿀벌 한 마리
여린 꽃잎 위에서 사랑 전한다.

김용선 - 120-121

슬픔을 안은 그녀

눈가 언저리엔
눈꽃 앉은 듯 이슬 맺히고
고운 입가엔
그윽한 미소 띄우고
우수의 그림자
어리어있는 눈망울

애잔한 그녀 모습 어른거려

마음 깊은 곳엔
맑은 샘물 흐려졌을까
심장 한편엔
쉬는 듯 침묵 흐를까
가슴 어딘 가엔
가랑비 잔잔한 물결 일렁일까

슬픔 머금은 그녀 모습 그려본다

사랑의 향기로
어두운 그림자 지우고
그리움의 씨앗으로
기다림의 희망 키우고
눈망울에 어리어진 슬픔
빛 고운 마음으로 물들여지면
활짝 웃는 그녀 모습 보일는지.

낙엽 밟는 소리

싸늘한 바람이
옷깃을 스밀 제
우리는 걸었네
숲 속 체험 길을

하늘 푸르고
공기 맑고
피톤치드 나오는
소나무 숲에서
큰 숨
들이쉬고 내쉬고
상쾌함은
공중을 나는 것 같고

발밑에서 나는 사각사각 소리
아프다고 아우성치는 낙엽의 소리
우리의 기분은
하늘을 나는 것 같았던
그날 그곳을 회상한다.

사진 속의 내 모습

걸들의 반란을
장식한 일원으로
사진 속의 내 모습은
피어난 지 얼마 안 된
세월 때 묻지 않은
연분홍 장미 같았네

화려하지도 않으며
고결하고 우아하고
살짝 미소 머금은
소녀 같은 그녀 모습은
생기로 한가득 이더라

삐죽이 얼굴 내민
두 개의 꽃봉오리 속에는
노년의 꿈이
튀어나오려 엿보고 있었고
커다란 희망이 꿈틀거리니
노년의 미래에는
화려한 세상이 펼쳐지리라.

하얗게 밤을 지새우며

깊어가는 가을밤
정적을 깨뜨리는
자동차 굉음 소리만
어쩌다 들리는 긴긴 밤을
까만 눈동자 굴리면서
온 밤을 홀로
하얗게 지새우고 있는가

무슨 생각 그리 많아
닫혀지지 않는 눈꺼풀
너는 내 친구 되어
이 한밤을 깜빡이면서
온통 사념에 잠기게 하고
이렇게 뜬 눈으로
지새우게 히는가

과거를 반추해보는
시간 만들어 주고
그리움도 사랑도 고향 향수
잊지 못할 추억들
머릿속엔 무도회 열리고
밤 가는 줄 모르고 무르익어 가는구나.

가지에 맺힌 물방울

부슬부슬 비 내리는 공원의 아침
풀잎마다 꽃잎마다 밤새 맞은 비에
가지마다 대롱대롱 물방울 맺히고
사망을 두리번두리번 힘차게 뻗어 나간다

바람에 입맞춤하고 하늘 보고 인사하고
잎새보고 함께 춤을 추자고
잔가지 흔들어 보이는 영롱한 물방울 들

난. 보았노라
그들의 찬란한 물방울 향연을.

공원 속의 빈 의자

도심의 한복판에 자리 잡은
숲 속의 청담공원
오르막길 내리막길
적당히 있어 걷기 좋은 곳
산책 나온 이들 유혹하는
각종 운동기구

그 속에서
외롭게 앉아있는
빈 의자
오늘도 아침 일찍
누굴 기다리는가
숲 속의 새 소리에
잠 깨어 일어나
배시시 눈 뜨자마자
두리번거린다.

김용선 – 126-127

3부.

언덕 위 하얀 집

진달래꽃 울타리
눈 비비고 일어나

피고지고 꽃피워
하얀 집이 훤하니

서로서로 앞 다투어
언덕배기 오르네.

-언덕 위 하얀 집 중에서-

두물머리

두 물 머리에서
두 강의 만남을 바라보며

고즈넉이 앉아
정겨운 시 한편 읊노라니

온몸에 스며드는 그리움
강물 위에 떠다니고

산야는 말없이 침묵만 흐르는데

천지는 물안개
뿌옇게 낀 것처럼 흐려지더라.

연인들의 사랑가

물안개 자욱한
산 중턱에서

장단 맞춰 부르는
흥겨운 노랫가락

구성지게 들려오는
여인들의 사랑가

치악산 계곡물도
빙그레 웃음 띠고

던져진 작은 돌멩이
파동도 잔잔하더라

언덕 위 하얀 집

정들었던 고향의
언덕배기 하얀 집

동녘 하늘 붉은 물
곱다랗게 물들 때

진달래꽃 울타리
눈 비비고 일어나

피고지고 꽃피워
하얀 집이 훤하니

서로서로 앞 다투어
언덕배기 오르네.

그리운 내 어머니

언제나 생각나는
그리운 내 어머니

제삿날 돌아오면
슬픔은 배가되고

오 남매 읊조리고
절하는 모습이라

여한의 울음소리
창문 밖 새나가고

니이든 어르신네
가던 길 주춤하네.

김용선 – 132-133

떠나간 친구 생각

언제 어디서나
생각나는 그리운
고향 단짝 친구

제 아무리 보
고 싶다 한들
무슨 소용 있겠나

만나 볼 수도 없고
바라보지도
못하는 너 이기에

나직히 불러보는
네이름 석자
메아리만 들려오고

이리죽거려 보고
미웁다고 소리친들
내 맘만 쓰리누나.

내 사랑 그대

내가 살아오면서
너를 좋아했었기에

사랑 하며 조금씩
눈을 뜨기 시작했고

랑랑하던 소리로
사랑가를 불러줄 때

그대 고운 노래는
내 마음을 녹이었지

대신 나는 모두를
그대 위해 받쳤노라.

어머니 생각

회초리 한 번도 들지 않으시고 우리 오남매
훌륭히 키워주신 내 어머니

오롯이 자식들 크게 되리라고 믿으며
힘든 일 이겨내신 인고의 긴 세월 동안

리라꽃 향기가 부언지도 모른채
자식 교육에만 온 정성 쏟아 붓던 어머니

바람도 쉬면서 높은 산 넘는다던데
밤낮을 가리지 않고 쉼 없이 일하시던 모습 중에

람포불 아래서 헌 양말 기우시던 당신 모습 어른거
려 불효 여식 이 밤을 하얗게 지새웁니다.

가을비 우산

가는비가 굵은비로 돌변하여 밤새껏 내려오면서
을러대듯 창문가를 때려치던 빗소리 조용해지고
비바람은 나뭇가지 가지마다 잠자듯 걸쳐있네요
우는소리 멈추었던 귀뚤이도 또다시 울고있는데
산속에서 헤매는듯 몽롱해진 머리는 왜안풀리나.

김용선 – 136-137

삶이란

음치가 노래하면 듣는이없고
악사가 드럼치면 신나춤추고
같은음 함께내며 장단맞추면
은근히 사람들은 여흥즐기네
삶이란 이런속에 세월은 간다.

언약

첫눈을 맞으면서
둘이 걷던 날

사람들 마음 문을
열기 위하여

랑랑한 목소리로
언약 했었지

언제나 변함없는
마음 자세로

덕행을 쌓아가며
살아가자고.

웃음 있는 마음 밭

실없이 튀어나오는
지난 날 기억 중에

천천히 여유 부리는
즐거웠던 추억 하나

합죽이처럼 오물거리는 입가엔
미소 한 가득

시절 없이 웃음 보내는
마음 밭에는

다채로운 생각으로
온통 도배되었네.

빛바랜 추억

노오란 은행잎이
난분분 흩날리는
늦가을

을씨년스런
찬바람 불어와
옷깃 스밀제

빛바랜 시간 속
추억하나
스멀스멀 맴도니

해맑던 얼굴엔
어둠 짙게
드리우고

후일을 약속했던
그때 일만
오락가락 하였네.

지나간 세월

생각일랑 하지말자
꿈같이 지나간 세월들

각가지 상념들로 잠
못 이루는 하얀 밤 되니

말머리 붙잡고 내주장
내세우던 때가 엊그제

어깨 으쓱대며 의기양양
뽐내던 젊은 날의 내 모습

요렇게 초로인생 되어
그 때를 그리워 할 줄이야.

아침 산책

아름다운 우리강산
세계에서 으뜸이오

침침해진 솔밭에선
아침마다 나를 불러

이렇게도 몸에 좋은
피톤치드 뿜어주고

오던 병도 달아나니
스스로가 내 몸 위해

면역성을 키우면서
건강하게 살고지고.

내 마음의 거울

인 쇄: 초판인쇄 2013년 11월 25일
인 쇄: 초판인쇄 2013년 11월 30일
지은이: 김용선
펴낸이: 윤기영
편 집: 정설연
펴낸곳: 노트북
등 록: 제 305-2012-000048호
본 사: 서울시 동대문구 사가정로 256-4호 나동 B101호
전 화: 070-8887-8233 팩시밀리 02-844-5756
이메일: hdpoem55@hanmail.net

정 가: 12,000원
ISBN: 978-89-92687-46-1-03810

한국 현대시[韓國 現代詩]

811.7-KDC5
895.715-DDC21 CIP2013024528